全身松果体生物！？カメレオン参上！地球最高次元の生きものから学べ！！

喚醒松果體

向變色龍學習，自由化身爲理想的自己

松久正 著　謝敏怡 譯

前言

這是一本以在地球上的各種生物之中，最高次元的生物——「變色龍」爲主題的書。

我，竟然跟變色龍墜入了情網，幾年前的我有辦法想像嗎？

不，完全無法想像。

我，竟然會撰寫以變色龍爲主題的書，幾年前的我能預測到嗎？

不，完全無法預測。

住在地球上的人們，在日常生活中會想到一丁點和變色龍有關的事情嗎？

不，應該沒有人會特別去想到變色龍（撇除有飼養變色龍這類興趣的人）。

沒錯。

就算像我這樣喜歡動物的人，也不曾去想過關於變色龍的事。

是的，二〇二二年十月在馬達加斯加，與野生變色龍命運般的邂逅之前，我壓根都沒想過關於變色龍的任何事情。

當野生變色龍第一次爬到手上時，我的身體彷彿有電流通過，整個人醍醐灌頂，領悟到一件事情。

那就是——變色龍是地球上最高次元的生物。

變色龍爬到我手上的瞬間，馬上就感覺到了。

在那之前，對我來說，海豚是地球上最高次元的生物。

至今出版了多本書籍，如同我「海豚醫師」的稱號，我大約在一千萬年前半靈半物質的遠古雷姆利亞時代，從天狼星B以海豚的型態降臨於地球上。

然而，我的使命是維護地球上的愛與和平，並達成提升人類的次元。要完成使命，非人類型態恐怕非常困難，因此我改變了姿態，從海豚變成了人。

對我來說，海豚和我人生有著非常深厚的緣分。

對許多人來說，海豚是高波動的生物，這是眾所皆知的事實。

比方說，現在已知自閉症或ADHD（注意力不足過動症）的孩子，跟海豚一起游泳、接觸，可以減緩其症狀；有憂鬱傾向的人跟海豚嬉戲，能改善憂鬱的情緒，這些都有相關實驗數據，其療效獲得了證實。

抱有各種問題的人們，接觸到海豚的能量，都會感到「自己第一次被接受了」，讓他們敞開心胸，使症狀獲得改善。

此外，海豚是能同時擁有多種情感，悠遊於「當下」的高次元生物，因此我一直以來都在提倡「我們人類必須與海豚的能量共鳴」。

然而事實上，地球上有比海豚更高次元的生物。

那就是變色龍。

當我第一次跟野生變色龍接觸，那時感受到的衝擊，實在無法以言語形容。

那是自出生以來從未體驗過的震撼，同時也感到無比的喜悅。

因爲變色龍高能量的波動，遠遠凌駕於海豚之上，令人驚嘆。

爲何事到如今，我跟變色龍會搭上線呢？

那是因爲在這個不斷倡導提升人類與地球次元的當下，我們更應該接觸變色龍的能量。

因爲地球與生活在其上的人類，波動實在是太紊亂了。

話雖如此，我們在日常生活中，實在很難有機會跟變色龍接觸。

因此，本書濃縮了滿滿的、平時我們接觸不到的變色龍能量。
翻開書中全彩的跨頁，相信變色龍高次元的能量也能降臨到各位身上。
你可以仔細端詳變色龍的照片，感受高次元的波動。

本書將爲各位說明，爲何變色龍是地球波動次元最高的生物。

那麼，就讓我爲各位獻上幾乎沒什麼人接觸過的新能量——變色龍的高次元能量！

海豚醫師

海豚醫師與變色龍墜入情網了！

初次與變色龍接觸時，
感受到的幸福感前所未有。
與變色龍的相遇，
帶來的衝擊是如此的巨大。

因為我了解到，
變色龍是地球上
最高次元的生物。

變色龍是地球上唯一一種，
活在「當下」的生物。
而且是比人類早降臨到地球上的
超級大前輩。

變色龍棲息於
地球第三脈輪的馬達加斯加島上，
靜靜等待著協助人類和地球
提升次元的時機點來臨。
現在，對我們人類來說，
正是向高次元變色龍
學習生活態度的時刻。

Contents

目次

第二章

來自高次元的使者——變色龍

第三章

變色龍 vs. 地球生物之間的對話

在地球上有「活著的神」之稱的變色龍，獻給有著萬千煩惱的地球生物的贈禮
～來自高次元的箴言～

第四章 變色龍練習

Chameleon Exercise Part II

第一章

與變色龍的邂逅

變色龍是什麼樣的生物呢？

你見過變色龍嗎？

變色龍這個名詞大家耳熟能詳，但生活在一般環境中的我們，相較於熟悉的貓、狗等寵物，大部分的人在日常生活中，恐怕和變色龍接觸的機會不多。

當然，有些人可能飼養變色龍當寵物，但飼養的難度很高，大部分的人應該都不太了解牠們的生態和特徵。

因此，我想先為各位說明一下，變色龍是什麼樣的生物。

從外型一眼就可以看出變色龍是爬蟲類，蜥蜴則是和牠血緣相近的夥伴。然而從變色龍獨特的特質來看，大部分的專家都認爲變色龍跟蜥蜴有極大的差異，爲完全不同種類的生物。

變色龍棲息於非洲大陸（撒哈拉沙漠除外）、阿拉伯半島南部、印度、斯里蘭卡、巴基斯坦、馬達加斯加及其周邊小島。

現在已知約有兩百種以上的變色龍，其中近半數的品種，爲棲息於非洲大陸東南邊、位於印度洋西邊的馬達加斯加島上的特有種。

棲息於馬達加斯加島北部的變色龍特別多，因此變色龍特有物種豐富的馬達加斯加島，又有「變色龍聖地」之稱。

地球雖大，但爲何只有馬達加斯加島上有這麼多的變色龍特有種呢？本書將爲各位清楚說明情況及其原因。

變色龍的特徵

首先，我們來看看變色龍有哪些身體特徵吧。

變色龍爲四足類動物，體型因品種不同而有所差異，體型的範圍很廣，小的約二到三公分左右，大的可達六〇到七〇公分。

變色龍爲樹棲動物，生活在樹上，以活體昆蟲爲食（基本上，變色龍具有對活動物產生反應的特質，因此喜歡食用如蟋蟀這類會移動的昆蟲）。

變色龍最廣爲人知的，應該就是牠們可以瞬間改變皮膚顏色的身體特徵，雖然這種特徵會因品種而異。

此種改變皮膚顏色的特徵，源自變色龍的心理與生理因素的變化。

變色龍的皮膚就像眼睛一樣，具有感知周遭環境的功能。

我將於第二章向大家介紹變色龍七種身體顏色變化的機制。

其次，變色龍最常被討論的另一個身體特徵，就是牠們的長舌頭。

一般來說，變色龍的舌頭大約是身長的兩倍，科學家推測，長舌是爲了捕捉獵物進化而成。

當變色龍發現獵物時，平時收在喉嚨深處的舌頭，就會如水槍噴水一般，瞬間往獵物的方向筆直地彈出，捕獲獵物。

有的變色龍從嘴巴彈出舌頭的所需時間，甚至只要百分之一秒。

另一個變色龍獨特的身體特徵，就是牠的眼睛。

變色龍可以同時往不同的方向移動雙眼。可以自由自在移動的雙眼，是爲了躲避天敵、尋找獵物進化而成。

這個雙眼能往不同方向移動的能力，將於第二章詳細說明。

變色龍還有另一個特徵，那就是捲曲成螺旋狀的尾巴。牠們的尾巴，彷彿像是螺旋棒棒糖或是蕨類植物尖端般捲曲，捲曲的形狀因品種不同而有所差異，但是捲曲在一起的尾巴纏繞在樹枝上，以保持身體平衡的功能都是一樣的。

此外，變色龍的壽命因品種而異，有的壽命較短，只有幾個月，有的壽命較長，可以活到九年左右，整體來說壽命不長。這可能也是變色龍不適合作爲寵物飼養的原因之一。

帶領我與變色龍相遇的僻靜之旅

現在就讓我娓娓道來，與變色龍的衝擊性邂逅。

如同前言所提，我是在二〇二二年的秋天，前往馬達加斯加進行僻靜之旅時與變色龍相遇，對我來說，那是一場「命中注定的美麗邂逅」。

部分讀者可能已經知道，爲了提升人類和地球的次元，近年來我都致力於舉辦僻靜之旅，藉以開啓地球脈輪景點的高次元能量，這是我畢生的志業。

如同人體有第一和第二脈輪（基底脈輪）到第六和第七脈輪（冠脈輪）一樣，地球上也存在著第一至第七脈輪。舉辦僻靜之旅的目的，就在於拜訪所有脈輪存在的地方，開啓那片土地上的能量。

這個開啓地球脈輪能量的旅行，於二〇一九年春天，在澳洲原住民的聖地烏魯魯，又稱艾爾斯岩展開序幕。

艾爾斯岩，澳洲原住民語的發音爲「烏魯魯」，是地球的能量漩渦之一（能量進出的地方），也有「地球的肚臍」之稱而廣爲人知。

其實這個地方位處地球第一和第二脈輪，二〇一九年秋天之後，艾爾斯岩便禁止攀登，但我們很幸運地趕在禁止攀登前舉辦了僻靜之旅。

接著在二〇一九年秋天，我們前往越南的下龍灣和昇龍皇城遺址，舉辦了開啓龍門之旅。

藉由喚醒地球上龍族的原始能量，亦即雷姆利亞大陸的龍族能量，全世界的龍族都覺醒了。

這次的旅行，開啓了地球第四個脈輪，即心輪的能量。

到了二〇二〇年春天，如各位所知，新冠疫情開始大流行，有好一段時間都無法出國。

因此，我展開了開啓日本全國各地能量景點之旅。

日本相當於地球的第五脈輪（喉輪）。

首先於二〇二〇年一月，我們在沖繩淨化了琉球王國及其靈魂，開啓了鳳凰的能量。

隨後於同年三月，我們在大分縣的宇佐，開啓了卑彌呼與耶穌的能量，使得靈性邪馬台國誕生，「彌勒之世」終於降臨了。

爲了提升人類和地球的次元，在持續必要的和平破壞的同時，超越原本能量、孕育奇蹟的創造力誕生，使地球進入了靈魂幸福高度的另一個新次元。

接著於二〇二〇年七月，我們開啓了封印在屋久島的地球（蓋亞）能量；九月我們在北海道解開了繩文時代後被封印的超古代聖地——Fugoppe洞窟（余市町）的能量，大量釋放了能量。

同年十月，我們在四國高知，開啓了空海和坂本龍馬的能量，進一步喚醒了日本的能量，使大角星的能量首次降臨於地球。

十一月，於長野的分杭峠（峠爲山頂之義），以ZERO磁場主人之姿開啓了新的氣場，爲地球祈禱，喚醒地球上最強的ZERO磁場。

像這樣，二〇二〇年間，我們積極地走訪並開啓了日本多個景點的能量。

同樣的，二〇二一年到二〇二二年，我們也積極地舉辦了日本各地的能量景點之旅。

首先於二〇二一年，在奄美大島喚醒穆王朝，使之重生覺醒；於北海道阿寒湖，喚醒第二穆王朝，使之重生覺醒。於熱海市的初島，舉辦初代穆王朝的高次元復活與重生儀式，並於阿蘇的幣立神宮喚醒「大宇宙大和神」，宮崎縣高千穗的天岩戸神社喚醒彌勒神「天照大神」。於東北，使耶穌和佛陀重生覺醒，完成了基督教、佛教與神道的宗教融合。

隨後於二〇二二年，在開啓近畿五角星能量的僻靜之旅當中，我們開啓了日本五角芒星的能量，療癒了源義經過往的的憤怒與悲傷。此外，我們透過富士山金字塔的超啓動，使「金字塔能量線」覺醒。

地球的第三脈輪，就位於變色龍的聖地——馬達加斯加

如前述，疫情期間我在日本舉辦了多場的僻靜之旅，開啓了各地的能量，二〇二二年又重啓了前往海外開啓能量的旅程。

其實在那之前，我有一個必須解決的課題。

那個課題，就是我不知道地球的第三個脈輪究竟在哪裡。

人體由下往上，依序存在著第一到第七脈輪，因此尋找地球的脈輪時，必須依據緯度線來確認。

我不斷感應著高次元的能量，持續尋找著地球的第三脈輪。

地球第三脈輪的緯度低於赤道，很明顯位於南方，最後終於讓我找到第三脈輪的能量地——馬達加斯加島。

順帶一提，第三脈輪意味著強化並鞏固自我存在的價值與意義，因此若不開啟第三脈輪的能量，人類將永遠提升不了次元等級。

就在我發現第三脈輪位在印度洋上的馬達加斯加島時，立刻就決定舉辦馬達加斯加的僻靜之旅。

但在那個時候，我完全想都沒想過關於變色龍的任何事情。

然而，就在我決定要去馬達加斯加的瞬間，發生了很神奇的現象：馬達加斯加的資訊不斷出現在我面前。

比方在看電視時，《地球的最後祕境？》這個節目正在播馬達加斯加島的特輯，過去從不知道的各種資訊映入眼簾。

這正是所謂的「能量共鳴」（宇宙的旨意）。

多虧於此，我們在出發之前，就掌握了談論馬達加斯加時不可或缺的三個重點。

第一點，特有種的植物「猢猻木」（猴麵包樹）生長於馬達加斯加。

第二點，馬達加斯加棲息著即將滅絕的特有種動物「狐猴」。

第三點，世界上約兩百多種變色龍當中，有一半以上的種類棲息於馬達加斯加。

巨大的猢猻木，在沙漠地區展現了強韌的生命力；繼承了雷姆利亞能量的狐猴；以及擁有世界最多種類變色龍的王國，這趟旅程還沒出發，就已經讓我心動不已。

前往馬達加斯加，開啓心心念念、盼望已久的地球第三脈輪能量，讓我感到格外喜悅。

除此之外，對特別喜愛動物的我來說，「想跟野生變色龍接觸」也成了這趟旅程的最大目的之一。

只不過，當時我還渾然不知，變色龍是地球生物當中次元最高的。

在人類出現之前，變色龍早已降臨在地球!?

在此，我想先稍微回顧一下地球的歷史。

在我出版的《不能被人知道的眞相第一名：新人類創世紀》（Hikaruland出版）一書中，揭示了《舊約聖經》未提及的資訊，那就是人類創世的眞相。

那個眞相，就是原始猿猴的DNA裡，融合了從宇宙獵戶座文明移轉至地球上亞當和夏娃的能量，以及來自太陽系火星外星生命的高次元DNA，最後誕生了擁有三次元身體的人類。

依據現代科學所述，地球誕生於四十六億年前，但就我閱讀到的資訊顯示，地球誕生的時間要早十倍之久，大約誕生於四百六十億年前。

接著，地球被創造出來之後，人類最初的祖先——亞當和夏娃的種子，也就是所謂的「前人類」，在三百五十億年前（地球時間的三十五億年前）從宇宙來到地球，當時他們所降臨的土地，其實就是馬達加斯加島。

順帶一提，在遠古的地球，馬達加斯加島原本位於現在東南亞的印尼一帶，但隨著大陸的移動，馬達加斯加往英國的方向、也就是往北移動了。

英國的能量景點，亞瑟王沉睡的聖地——格拉斯頓伯里，流傳著亞當和夏娃吃了紅果實的傳說，說不定也是受到大陸移動的歷史所影響。

其後，馬達加斯加島又再次往下降，一直移動到現今非洲西南方的位置，直到現在。

史料記載，馬達加斯加島是從臨近的非洲大陸分離出來的。

但假如這個假說是正確的，爲什麼馬達加斯加島會擁有這麼獨特的生態系呢？

棲息於馬達加斯加島上的野生動物，約有七到八成爲特有種，尤其是猴類，有四分之三爲特有種，馬達加斯加是生態系非常特殊的島嶼。

假如馬達加斯加島分離自非洲大陸，島上存在的物種，應該會跟對岸、鄰近的非洲大陸相似才對，但事實並非如此。

此外，從人種來看，馬達加斯加的島民，其膚色較鄰近的非洲莫三比克、坦尚尼亞等國的人民要來得白。

從這些事實來看，可以推測馬達加斯加島，其生態系獨立於非洲大陸。

接下來這點更爲重要：我閱讀的文獻指出，變色龍比人類這個物種要早降臨於地球上。

變色龍身上帶著貫穿所有平行宇宙——來自「零宇宙」的能量。牠們先降臨在仙女座星系，接著往銀河系移動，最後降臨在地球上。

這其實是宇宙之神的意志。

神的意旨在於刻意讓波動較高的變色龍，降臨到次元較低的地方，在地球引導人類覺察與學習，以協助提升地球和人類的次元。

但變色龍比人類還要早降臨到地球上，使變色龍成爲人類標竿的這項神的計畫，有好長一段時間都沒有人發現。

這正是人類史上最大的疏漏，也是宇宙犯下最大的錯誤。

這究竟是怎麼一回事呢？

因爲有股黑暗勢力在背後阻擾。

黑暗勢力認爲「人類進化會很讓人困擾」「希望人類聽自己的意思行動」，並操弄地球萬物，如影子般存在。

黑暗勢力正是阻擾變色龍和人類親近的幕後黑手。

受到幕後黑手的阻擾，人類不曾把注意力放在變色龍身上。

人類喜愛會來撒嬌的可愛寵物，例如貓、狗。面無表情、不會跟人類撒嬌的變色龍，不受人類青睞。

此外，變色龍屬於爬蟲類，在這個時代大多被視爲讓人不愉快的存在，一直以來都遭到低估。

是的，在我揭示變色龍的眞面目之前，沒人知道變色龍眞正的角色爲何。

我與變色龍命中注定的邂逅

讓我們再把話題拉回，談談我與變色龍之間感人的邂逅吧。

二〇二二年十月，我與僻靜之旅的團員一行人，平安地踏上了馬達加斯加這塊土地。

馬達加斯加島是地球第四大島嶼（摒除澳洲），面積約是日本國土的一．六倍，土地之廣超乎想像。

在約莫十天的旅程中，有天當地的嚮導帶著我們一行人，分乘多輛越野休旅車，前往沒有鋪柏油、道路崎嶇不平的沙漠區。

就在女嚮導跟司機聊天的時候，她突然「啊！」的一聲，請司機把車停下來。

原來那位嚮導在車子以相當快的速度移動、還一邊聊天說話的時候，從車窗看出去的風景當中，發現一隻隱藏在樹上，與背景融爲一體的野生變色龍。

這恐怕是當地嚮導才有的特殊能力吧。

我們一行人馬上下車，戰戰兢兢地往變色龍的方向前進。

那隻野生的變色龍，靜悄悄地藏身在兩公尺高、茂密的樹枝上。

我們終於來到靜止不動的變色龍身旁。原來這就是變色龍啊！

我到現在都還記得，第一次接觸到變色龍時，不自覺心跳加速的感覺。

那隻全長約十五公分的變色龍，配合周遭環境的顏色，身體呈現淡淡的咖啡色。

女嚮導說這隻變色龍的體型，比當地標準大小的變色龍要來得小一些。

隨行司機非常了解變色龍，馬上簡單指導了我一下，然後把變色龍放到我的手上。

沒想到變色龍一點抵抗也沒有，就那樣乖乖地爬到我手上。

同行的夥伴圍繞著我，緊盯著變色龍，而變色龍卻動也不動，模樣非常泰然自若。

那是我跟野生變色龍相遇的瞬間。

變色龍爬到我的手上時，不知爲何我感覺到自己的靈魂深處，浮現過去從未感受過的幸福感。

因命運邂逅而成爲情人或伴侶的人，常常會說：「遇到命中注定的那個人時，全身彷彿有電流般流過！」而我跟變色龍相遇時的衝擊，遠遠大於那樣的感覺。

我並沒有誇飾。

老實說，在我五十六年的人生當中，有過許多極爲感動的瞬間，但是跟變色龍的相遇，可以說是前所未有的幸福時刻。

當小小的變色龍爬到手上時，浮現出的那種心跳快速、雀躍不已和喜悅的心情，是我過去經歷過的所有美好事物都無法比擬的「最美好的體驗」。

那樣的感覺，恐怕是別人無法理解的。

假如把野生變色龍放到其他人的手上，大部分的人都會因爲野生變色龍的稀有而產生下面的反應吧。

「活生生的野生變色龍好可愛喔。」

「骨碌碌的大眼睛，比想像中還要來得溫順呢。」

Chameleon

與變色龍邂逅，不自覺流露出滿臉笑容的海豚醫師。

Dr. Dolphin and

釋放「零宇宙」能量的變色龍！

但我不一樣。

對我來說，與變色龍邂逅所帶來的衝擊是前所未有的。

那樣驚爲天人的感動，是身爲海豚醫師才能體會的感受。

我接觸到變色龍能量的瞬間，馬上就知道變色龍是地球上最高次元的生物。

發現這項事實時的喜悅，是其他事情無法比擬的。

變色龍位於全宇宙最高能量的中心點，擁有能跟世界一切起源的原始能量「零宇宙」共鳴的能量。

零宇宙指的是，包含孕育「個體」靈魂的「零點」，也就是創造一切「根本」的能量本身；以及除了選擇「當下」這個宇宙以外，和所有其他多次元的平行宇宙連結，囊括並統籌了各種不同平行宇宙的宇宙。

變色龍擁有如此高次元的能量。

如前言所說明，有海豚醫師之名的我，對海豚有極高的愛與執著。但海豚是對天狼星的能量產生共鳴的生物，而天狼星跟地球一樣同屬銀河系，就這點來說，海豚的能量比不上變色龍。

順帶一提，能與超越銀河系的仙女座星系產生共鳴的生物，有袋鼠、黑鳳蝶、貓頭鷹等。此外，山羊則是跟與我們不同的時空、屬異次元哈索爾的能量共鳴。

變色龍不僅跟銀河系、仙女座星系共鳴，還跟超越這兩者的零宇宙共鳴，可以說是地球最高次元的生物。

我所寫的《地球生物的高次元DNA Wave》（Hikaruland出版）一書中，依據次元的高低順序，介紹了地球上四十四種生物，最後壓軸的第四十四種就是變色龍。

爲什麼變色龍是地球最高次元的生物呢？從下一章開始，我將一一爲各位說明變色龍具有哪些「高次元因子」。

第二章

來自高次元的使者
——變色龍

高次元因子①——變色龍全身都是松果體!?

首先，讓我從變色龍最大的祕密開始揭露，說明爲何變色龍是這塊土地上最高次元的生物。

那是因爲——變色龍是彷彿全身上下都由松果體所組成的生物。

這點是我對變色龍產生興趣後，開始調查其生態等相關資料時，令我驚愕不已的重大新發現。

「怎麼可能全身都是松果體？」

這個疑問，讓我爲各位說清楚講明白。

首先，如第一章所述，變色龍擁有改變身體顏色的變色能力。

比方說，當出現獵食者時，牠會讓身體的顏色與周遭環境或背景同化，藉以躲避天敵的威脅。

除此之外，牠們在激動亢奮時，會改變身體顏色來威嚇對方；於繁殖季時，雄性變色龍會把身體變成鮮豔的顏色來求偶，藉以吸引雌性。

此外，在我閱讀到的文獻中也指出，變色龍會因爲與周遭環境同化，而處於非常舒適的狀態。

同樣地，變色龍會改變身體的顏色來表達情緒。

「我現在想變成這個顏色！」變色龍並不是思考後，才決定改變身體顏色。

換句話說，變色龍透過皮膚感知周遭的狀況和環境後，牠們的皮膚就會像感應器一樣，自動改變身體的顏色。

此外，變色龍也會藉著改變身體的顏色來調節體溫。

當氣溫偏低時，變色龍的身體就會變成深黑色，試圖藉此吸引陽光，提高體溫；相反地，當氣溫偏高時，身體顏色就會變淺色，藉以降低體溫。

這個自由改變身體顏色的能力，來自於變色龍特殊的皮膚結構。

變色龍的皮膚是由包含著微小奈米晶體的雙層皮膚組織，名叫「彩虹色素細胞」所組成。

人們發現這個彩虹色素細胞，是由一層透明的奈米物質「光子晶體」（如網狀般的晶格）所組成的細胞層，藉由彩虹色素細胞可以調節變色龍身體的顏色變化。

換句話說，變色龍的皮膚其實是透明的，當光線抵達皮膚深處的奈米光子晶體時，光線會折射，顯現出變色龍的身體顏色。

如果以變色龍身體顏色的變化爲例，來說明身體顏色變化的機制，當變色龍心情平靜放鬆時，奈米晶體會變得密集，光線進入晶體後，藍光產生折射，使變色龍的皮膚變成藍色。

這是人類眼睛的水晶體與感光的視神經，在接收到光之後，松果體活化後的功能。

也就是，變色龍可以說是整個身體都由松果體所組成的「全身松果體生物」。

另一方面，當變色龍激動亢奮時，奈米晶體會扭曲變形，黃色和紅色等顏色的光線產生折射，使身體顏色呈現黃色和紅色。

除了變色龍以外，烏賊和章魚等生物也有彩虹色素細胞的功能，但只有變色龍能夠呈現如此豐富的色彩變化。

人類已經退化萎縮的松果體

希望各位可以回想起，我不時談到的松果體。

這邊簡單地說明一下松果體的功能和機制。

松果體指的是位於人類大腦中心，以及兩個大腦半球中心位置，如豌豆般大小（約七到八公釐），彷彿小小松果狀的內分泌器官。

松果體的主要功能，爲分泌調節人體一整天規律作息的荷爾蒙褪黑素而廣爲人知。

褪黑素的分泌，讓我們日出而作，日落而息。日光浴能使我們精神穩定，進而分泌有幸福荷爾蒙之稱的血清素。

褪黑素也是製造血清素的原料，因此褪黑素的分泌能產生血清素，使人類的幸福機制得以成立。

此外，除了褪黑素之外，松果體還能分泌一種具有天然迷幻作用的「二甲基色胺」（DMT）而廣爲人知。

DMT主要於深夜兩點到四點之間分泌，這也是最容易與宇宙智慧連結的時段。

也就是說，松果體的活化能開啓松果體的大門，讓我們更容易與高次元相接。

松果體扮演著接收高次元宇宙智慧進入人體的重要角色。

法國著名的哲學家與數學家笛卡兒，也曾稱松果體爲「靈魂之座」。

然而，人類的靈魂之座松果體，不僅因爲現代人用腦過度而變得不活躍，還因爲攝入了氟化物、汞等重金屬毒素到體內，導致其功能減弱、鈣化。

也就是說，現在人們的靈魂之座松果體遭到阻擋，無法發揮原有的力量，這就是現代人的現狀。

據說人類以前的松果體有幾公分之大，但現在松果體已經萎縮成一公分也不到，最多只有七到八公釐的大小。跟全身皮膚幾乎都是松果體的變色龍相比，變色龍可以說是比人類次元高很多的生物。

變色龍的身體宛如水晶!?

接下來，讓我們看看組成松果體的成分。

松果體的主要成分是矽，而矽就是所謂的天然水晶，松果體就是由高純度的矽結晶而成。

當水晶接收到光之後，會折射光線，並依據折射的角度，射出七彩耀眼的彩虹光芒。

同樣的道理，變色龍皮膚的細胞奈米晶體吸收光線後，也會產生折射。

原本人們認爲變色龍的皮膚具有色素，後來發現牠們身體顏色的變化，是因爲光線折射所產生。

被稱爲人類「第三隻眼」的松果體，大小只有幾公釐，然而變色龍的整個皮膚幾乎都是松果體，宛如水晶一般。

我們的松果體位於大腦的中心，用人類的肉眼是看不見的。

但是，當外星人看人類時，只會看到發光的松果體。

然而變色龍可見部分均覆蓋著天然的水晶狀細胞，全身彷彿就像是由松果體所組成。

也就是說，變色龍是一個活生生、會移動的松果體。

變色龍依據本能讓身體顏色產生七彩變化，其松果體大小是我們人類的好幾倍，甚至是數十倍。

我從關於能量的相關文獻得知，變色龍的能量遠遠領先其他生物，是最高次元的生物。

變色龍在生物學上的現況，證明了變色龍是高次元的生物。

變色龍的實際樣貌，還有很多神祕的地方尚未釐清。

未來應該會有越來越多有科學依據的研究，發現變色龍其他新的高次元要素，也就是所謂的高次元因子。

高次元因子②——絕不浪費能量在不必要的事情上

接下來爲各位介紹我實際觀察、接觸野生變色龍時，所感受到的高次元因子。

這邊之所以強調野生變色龍，是因爲被當作寵物飼養、對人類很熟悉的變色龍，有些地方跟野生變色龍不太一樣。

談論變色龍的原有姿態時，還是要以野生變色龍爲主。

當然不只是變色龍，其他動物的野生樣態，才是其物種最原始的生態。

那麼，就讓我來解說變色龍的第二個高次元因子吧。

變色龍第二個高次元因子，就是「不浪費不必要的能量」。

變色龍這個特質也很讓我吃驚，我們從車上發現野生變色龍的蹤跡，下車走到牠身旁，牠卻一點都沒受到驚嚇。

雖然我們的動作不大，不至於帶給野生動物太大的驚嚇，但人類戰戰兢兢地接近，牠卻臨危不亂，連動都不動。

換做是蜥蜴、綠鬣蜥等其他爬蟲類動物，恐怕早就逃得遠遠了吧。

其他種類的動物應該也是如此。

然而，變色龍卻聞風不動，靜靜地待在原本的地方。

牠當然知道自己被人類包圍，但是只有眼睛骨碌碌地轉啊轉，身體還是一動也不動。

也就是說，變色龍不會浪費能量在不必要的事情上。

我遇到的變色龍，可能知道我們不會對牠有所危害，因此沒有任何不安和恐懼，一動也不動。唯一動的，只有牠的眼珠子而已。

就像這樣，變色龍用全身去感受對方爲何方神聖。

停在那兒一動也不動，並不是消除自身的存在，而是泰然自若地佇立在當下所在之處。

變色龍那閒風不動的姿態，彷彿在說：「你來看我啊！」如同王者般的風範。

沒必要移動時，變色龍就會像這樣靜止不動，但是當牠們發現食物時，就會以非常快的速度伸長舌頭（甚至是身長的兩倍）來捕食。

變色龍只把精力用在眞正需要的地方，不浪費能量在不必要的事情上。

變色龍活在當下，不浪費精力在不必要的思考和行動之上。

換個角度想，人類無法像變色龍那樣。

我們隨時都在思考過去和未來，因此無法活在當下，腦袋裡總是思考著各種大大小小的事情。

對過去的懊悔和愧疚，以及對未來的不安和恐懼，讓我們時常過度思考，採取不必要的行動。

正因爲如此，我們不僅錯過了「現在正是決勝負！」的時刻，還浪費了寶貴的能量，使得眞正需要的時候，沒有足夠的能量可以使用。

我們體內的能量來源「ATP」（三磷酸腺苷），也會因爲不必要的行爲而消耗掉。這就是爲什麼我們面對重要的挑戰時常常失敗，事後只能不斷地感到後悔、不安和恐懼，因而苛責自己。

變色龍之所以活在當下，是因爲牠們對自己充滿信心，隨時隨地都能感受到自己的存在價值。

「無論發生什麼事，一定沒問題的。」牠們隨時處於安心和平靜的狀態之中。除了深信自己的存在價值之外，牠們也愛自己，因此不奢求別人的愛。因爲牠們知道「我很棒」「我現在這樣就很幸福了」「我這個樣子就很完美了」。

成爲人類寵物的動物，例如狗和貓，都渴望著「想被愛！」「希望獲得寵愛！」但變色龍沒有這類渴望。

變色龍不求任何回報。

因爲變色龍認爲「最愛牠的，就是自己」。

高次元因子③——左右腦分開思考

變色龍的左右眼可以分開轉動。

換句話說，變色龍可以右眼看著前方，同時左眼往上方看。

此外，右腦控制左眼，左腦控制右眼。

換句話說，這意味著變色龍的左右腦是各自獨立的。

變色龍的左右腦各自獨立，就是牠的第三個高次元因子。

眾所皆知，右腦掌管知覺、直覺、靈感、想像力、創造力、藝術性等，而左腦負責語言、計算、推理和邏輯思考。

人類的左右腦是透過稱爲腦梁的神經纖維束連結在一起，使左右腦之間得以交換訊息。人類的大腦看起來是進化的，但事實並非如此。

因爲左右腦的訊息常常混淆在一起，而帶來弊害。

以人類爲例，當右腦感到很舒適時，左腦就會做出維持現況的指令。

當這種感覺舒適的狀態無法持續下去時，我們就會感到憤怒和壓力，而責怪自己。

反之亦然，左腦會非常有邏輯地計算未來，「一年後我要這樣做，兩年後我要那樣做，三年後我要成爲這樣」，一旦結果不如計畫，就會變得焦慮不安。

左右兩腦相連，乍看之下功能上似乎進化了，但是從靈魂意識的進化來看，其實恰好相反。

對變色龍來說，右腦的情感和直覺功能是獨立活動的。

假如變色龍感覺很舒適，不會出現「希望這樣的狀態可以持續下去」的想法，假如心情不好，也不會覺得「這種狀態的感覺眞差，來想辦法轉換心情吧」。

因爲變色龍享受當下每一刻的情緒感受。

那麼，變色龍比較常使用左腦還是右腦呢？答案是，都沒什麼使用。

換句話說，變色龍接受所有的情緒，沒有所謂開心或悲傷，活在中立的情緒之中。

雖然在出現天敵或試圖捕食獵物時，或是雄性向雌性求偶時，變色龍會稍微用點大腦。

除此之外，變色龍的大腦，大部分的時候都在放空。

彷彿發生任何事，都能「這樣很好呀」地坦然接受，變色龍就像漫畫中常出現，似乎看破一切、樂觀面對所有事情的傻爸爸一般。

然而，由於人類的左右腦相連，情緒和自我（Ego）常常混在一起，所以時常被情緒和自我耍得團團轉。

正因爲如此，當事物不如所願時，就會感到煩躁不安，心裡想的跟嘴巴說的有出入，甚至因而扯謊做壞事。

「但不是只有變色龍，其他動物的情感也跟人類不同，是無機的東西吧？」

有不少人可能會這樣想，但有飼養寵物的人應該都知道，貓狗很明顯是有情緒的。我飼養馬，馬兒當然也有喜怒哀樂等情緒。

動物的情感表現很直接，非常好懂。

相反地，變色龍無論是左腦還是右腦，因爲統統沒什麼在使用，所以很難捉摸牠的心情。

如前文所述，變色龍不會浪費精力在不必要的事情上，同樣的道理在情緒表現上也適用。

對高次元的生物變色龍來說，牠就只是活在當下的此時此刻而已，就這麼簡單。

高次元因子④——不被三大欲望束縛的變色龍

變色龍的第四個高次元因子，是人類幾乎不可能擁有的要素。

那就是變色龍幾乎沒有人類生存必備的三大欲望——食欲、睡眠欲、性欲，就算有也非常薄弱。

另一方面，我們可以說，人類就是爲了持續滿足這三大欲望而活。

人之所以工作、實現目標、完成人生夢想，一切都是源自於這三大欲望。

換句話說，人類失去這三大本能的、生理性的欲望，就會失去活著的意義。

首先是食欲。

對人類來說，食欲是最貼近生活的欲望，有食欲，每天都有思考「今天吃什麼好呢？」的樂趣。

沒有食欲的狀況，大多是身體不適或生病的時候。此外，有煩惱、煩憂、憂鬱情緒時，也大多會失去食欲。

也就是說，食欲能維繫身心的健康。

然而，變色龍常常一整天什麼都沒吃。

變色龍吃飯時，感覺大概就像：「啊，最近好像都沒吃什麼，肚子有點餓了，今天來找點東西吃好了。」假如那個時候眼前剛好有蟋蟀，牠就會當作活動筋骨，瞬間吐出舌頭捕食，大概就是這樣的感覺。

吃飯對牠們來說，是一種消磨時間的遊戲。

活在當下的變色龍，不會有「明天沒有東西可以吃，該怎麼辦才好？」的煩惱。

其次，變色龍沒有睡眠欲。

對人類來說，睡眠欲是讓身體休息、調整身心的必要條件。雖然睡眠長度和品質的需求因人而異，但睡眠跟食欲一樣，是維持健康不可或缺的欲望之一。

然而變色龍，感覺總是處於睡眠和清醒之間的模糊狀態。

雖然這可能跟變色龍看起來常常一動也不動、放空有關，但我們可以說，牠們是有意識的，卻常常處於半睡半醒的狀態。

換句話說，變色龍像是與這個三次元世界相連的同時，意識飄向高次元的狀態。

基本上，對於人類來說，松果體在深夜兩點到四點之間最活躍，這段時間是「人類與宇宙連結的時間」。但是對變色龍來說，他們一整天都在跟宇宙連結。

也就是說，人類與宇宙連結的機率是二十四分之二，變色龍卻是二十四分之二十四，變色龍一天跟宇宙連結的機率是人類的十二倍。

變色龍雖然身處三次元，卻活得很高次元。

下一個欲望是性欲。

人類的三大欲求當中，依據不同的性別和年齡等條件，最因人而異的就是性欲這個欲望。

人類生活在群體當中，性欲乍看之下好像是看不到的欲望。但人類具有延續種族的存在，以及讓自己的基因留存下來的本能，因此大部分的人都有性欲。

而且，有些人無法控制扭曲變形的性欲而毀滅自我，性欲可以說是人類悲哀的弱點。

另一方面，雖然就留下子孫的生物本能來說，變色龍也有性欲，但是跟人類露骨、強烈的性欲不同。

有些動物的交配很激烈，但變色龍交配時，雌雄雙方都慢條斯理，牠們的性並非激情狂烈，而是比較接近無機類型的遊戲行爲。

不受欲望束縛的變色龍，沒有性欲，當然也沒有執著和嫉妒等情緒。

當雄性變色龍跟雌性求愛，就算對方跑掉或是被甩，牠也不會追著對方跑，而是：「這樣啊，好喔，那再會囉，拜！」慢條斯理地離開，就這樣而已。

假如是人類，戀愛、告白、被對方甩掉後，常常會湧現懊悔、羞恥的情緒，因而感到沮喪。

或是怎麼也忘不了對方，變得越來越執著，有的甚至行爲扭曲變成跟蹤狂。

然而，變色龍完全不會出現這類情況。

據說未來地球的次元提升後，人類身體的物理、物質元素比例會減少，身體逐漸水晶化、變透明。

身體的水晶化，其實也就是回到過去身體呈現半透明的雷姆利亞時代。

水晶化的人類，男女之間的性別差異會越來越少，兩性變得越來越中性。換句話說，會越來越接近我們想像中的外星人。

人類水晶化後，身體的功能也會發生變化，變得不需要吃東西、睡覺。展現出這些條件的生物，就是變色龍。

變色龍展現出生物覺醒後的高次元樣貌，走在這個時代的最前端。

高次元因子⑤——變色龍超群的平衡力

最後，變色龍的第五個高次元因子，則是超群出眾的平衡力。

正負、陰陽、光明與黑暗、左腦與右腦等，正因爲地球次元的各種事物都建立在二元論之上，使得生存在兩極正中間的「中庸」，更顯得珍貴。

就這個意義來說，變色龍的左右腦是分開獨立的，表示牠很擅長協調左右腦。此外，變色龍身體的平衡感也相當出眾。

變色龍就像是體操選手或馬戲團的團員，對牠來說攀爬在搖搖欲墜的樹枝上根本是小兒科。

棲息在樹上的變色龍，腳掌分成兩指，牢牢抓緊樹枝。像戴著手套的腳掌，非常巧妙地抓握著枝幹，優雅地在樹上漫步。

我讓變色龍爬到手上時，牠那柔軟卻強而有力的腳掌，緊抓著我的手的那一刻，也緊緊抓住了我的心。

尤其是牠用沒有吸盤的腳掌，緊抓著凹凸不平的樹枝取得平衡，以優雅的姿態走在樹上的樣子特別吸引我。

此外，變色龍那宛如棒棒糖螺旋狀的尾巴，也是維持平衡的重要身體特徵。

變色龍特殊的身形，展現出牠傲視群雄的平衡感。

變色龍無論是生理上還是精神上，都有極爲優異的平衡力。

Column 1

檢測一下你的「變色龍指數」！

如果覺得自己符合以下①到㉚的「變色龍指數」檢測項目，請在框框裡打勾。

你有多接近變色龍呢？不要想太多，快速地自我檢測看看吧。

①會提醒自己面對他人時笑容可掬。……□

②別人常常說你很細心體貼。……□

③比起自己的意見，更重視大家的意見。……□

④不希望別人覺得自己很冷淡。……□

⑤很容易拘泥於過去的失敗或錯誤。……□

⑥想到未來的事情就會感到不安。……□

⑦有崇拜的網紅。……□

⑧相對來說對自己沒什麼信心。……□

⑨覺得朋友越多越好。……□

⑩隨時提醒自己，穿著要符合TPO原則（適時、適地、適人得體）。……□

⑪希望別人覺得自己是好人、優秀的人。……□

⑫總是很在意別人的眼光。……□

⑬衣服總是以黑色和灰色等暗色系為主，不喜歡穿鮮豔、惹人注目的服裝。……□

⑭希望自己受異性歡迎。……□

⑮一個人的時候會覺得很寂寞不安。……□

⑯跟大家打鬧時最快樂。……□

⑰會想盡一切辦法努力不懈，以得到想要的東西。……□

⑱總是忙得團團轉。……□

⑲煩惱的事情總是在腦中徘徊不去。……□

⑳靜不下來。……□

Column 1

- ㉑ 跟他人相較，自己的嫉妒心相對強烈。……□
- ㉒ 戀愛體質，隨時隨地都在戀愛。……□
- ㉓ 覺得團體行動比較舒適。……□
- ㉔ 深信人沒辦法一個人活下去。……□
- ㉕ 希望別人覺得自己是普通、正直的人。……□
- ㉖ 喜歡吃東西或是睡覺。……□
- ㉗ 跟別人比起來，個性較急躁。……□
- ㉘ 有表面與內在不同的雙重人格。……□
- ㉙ 比起直覺，更重視邏輯。……□
- ㉚ 希望自己成為大人物，獲得社會的認可。……□

☑ 20個以上

變色龍指數還很低的人。

可以說是社會上最普通正常的人。常常被稱為「好人」「穩重的人」或「認真的人」，無論在職場或學校，大眾都給予非常良好的評價。

☑ 19~11個

稍微接近變色龍的人。

雖然在人類社會可能會被認為是「怪人」，但仍是一個重視社會常規的人。

☑ 10個以下

變色龍指數相當高的人。

活得很自我，因此在人類社會可能會過得有點辛苦，但可以說是一個懂得活在當下的人。

☑ 5個以下

活得最像變色龍的人。

你已經從社會常規和自我中獲得了解放，活得很高次元，持續提升你的變色龍指數吧！

第三章

變色龍 VS. 地球生物之間的對話

在地球上有「活著的神」之稱的變色龍

獻給有著萬千煩惱的地球生物的贈禮

～來自高次元的箴言～

竭盡全力生活，卻滿是傷痕、掙扎不已的地球生物

活著，總是會有永無止境的煩惱。

在這一章，各位可以看到所有生物當中最高次元的變色龍，與生存在地球上、有著萬千煩惱的人類、動物和昆蟲等生物之間的對話。

登場人物分別有代表變色龍界的C，螞蟻界的A，蜜蜂界的H，斑馬界的S，以及代表人類的N。

完全不同類型的生物齊聚一堂，以會議的形式進行團體諮商。

明明在各自的世界裡這麼努力，爲什麼地球上的生物卻活得這麼痛苦掙扎呢？

身處高次元的變色龍，向有各種煩惱的生物掏心挖肺，提供最好的建議。

人們可能會想：「我可是人類耶，低等動物和昆蟲的煩惱跟我無關。」

然而，出乎意料地，動物和昆蟲可能比人類還要高貴。

而且不只是人類的煩惱，動物和昆蟲所面臨的問題，你一定也會碰到。

新世界的次元提升，不是人類獨自一人就有辦法推動，必須與地球上的生物攜手努力。

從這個意義上來說，實踐變色龍高次元的建議，與地球上的萬物眾生一同展開新的生活方式，共同爲提升地球的波動努力！

變色龍和地球各種生物的團體諮商時間開始！

變色龍◆各位地球生物，感謝大家百忙之中抽空來參加活動！今天，我想邀請各個生物界的代表前來參與，一同思考如何提升人類和地球的波動，以提升地球的次元。接著，我想跟大家一起來討論，為了達成提升人類和地球次元的目標，我們該以什麼樣的生活態度來度日呢？恕我冒昧，我變色龍身為地球上最高次元的生物，聽說大家在日常生活中都面臨著各式各樣的煩惱和困難。今天，我邀請不同生活樣態的生物一同參與討論，為各位的煩惱提供解答。

先來自我介紹一下，我是住在馬達加斯加北部的變色龍C。我的生活型態，基本上跟其他變色龍一樣，我們變色龍不成群結隊，各自悠遊自在、靜靜地在樹上生活。為了生存，我當然也需要捕食獵物，但我們對吃的沒什麼執著，對其他事情也沒什麼特別的欲望。所以幾乎不會出現焦躁不安的情緒，每天都活得很「當下」。因此我每天都過得很安穩幸福。好，接下來就先請各位做個簡單的自我介紹吧。各位如果有任何煩惱，都歡迎提出來討論。那麼就先請螞蟻A開始。

活在群體之中的螞蟻，以及爲女王蜂而活的蜜蜂

螞蟻◆大家好，我是來自螞蟻界的螞蟻A。與變色龍不同，我們和夥伴一起生活，總是成群結隊地在地上爬行。比方說，當我們在地上發現可口的食物時，我們就會排成一列，一起把食物搬回巢穴。巢穴裡有很多房間，整個家族都住在一起。我很習慣群體生活，所以走在隊伍裡總是讓我感覺很安心。假如脫離了隊伍，就會變成孤單一人，不是嗎？光是想像，就讓我感到恐慌。我完全無法想像變色龍一個人悠哉度日的生活方式要怎麼過。今天再麻煩大家了！

謝謝螞蟻A的自我介紹。你真厲害，今天有辦法自己一個人過來！接下來是蜜蜂界的H，麻煩你先自我介紹。

蜜蜂◆大家好，我是蜜蜂H。身為工蜂，最大的使命就是為女王蜂犧牲奉獻，我們一生都要守護女王蜂。透過這樣的分工合作，可以維持蜜蜂社會的和諧，並確保蜜蜂社會的安全。人類把我們叫做「工蜂」，如那個詞彙所稱，我們嗡嗡嗡地辛勤工作，努力不懈、從不休息，這就是我們的人生。今天我總算請了個假，來參加這場諮商會議。我懂得不多，還請大家多多指教了。

天敵四伏的斑馬

謝謝蜜蜂特地跟女王蜂請假來參加今天的活動，感謝你！接著，讓我們請斑馬界的S來自我介紹。

斑馬◆謝謝你今天邀請我來參加。很高興認識大家。我其實有點緊張，因為有很多我不認識的人。我想問一下，這裡應該很安全吧？

是的，沒問題，這裡很安全的（笑）。請放輕鬆。

太好了。因為我們隨時隨地都要保護自己，以躲避掠食者的侵害，無論身在何處，我們都無法放鬆心情。因為在我居住的熱帶草原，住著許多天敵，例如獅子、獵豹和鬣狗等肉食性動物。在草原上，掠食者總是追著我們跑，實在很累，所以我們總是集體行動。我們所能做的，就是和夥伴們成群結隊、團結一致，想辦法威嚇天敵，把牠們嚇跑。但老實說效果有限。總而言之，我們每天都活在生死邊緣。變色龍跟我們斑馬不同，總是很沉著冷靜，讓我好生羨慕。希望今天能聽到你談談沉著冷靜面對一切的祕訣。

非常感謝斑馬S。因為我知道你要來，所以今天沒邀請獅子，請放心！最後，我們就請人類代表N，來跟大家做自我介紹。

大家的煩惱，人類統統都有!?

人類◆好的。大家好，今天我以人類代表的身分來到這裡跟大家一起討論。我叫N，來自人類界。在聽大家的自我介紹時，覺得非常心有戚戚焉，因為各位所說的事情，每一項都很符合我們人類的狀況。首先，我們人類跟螞蟻一樣是群居生活；我們人類也跟蜜蜂為女王蜂而活一樣，為別人而活。此外，我們人類就像斑馬，無時無刻不活在恐懼和不安之中。所以我們人類喊著「提升！」「我們必須提升地球的次元」什麼的，實在有點滑稽可笑。雖然有點不好意思，但今天我想藉由這個討論會，跟變色龍和大家好好學習一番。

謝謝人類N的自我介紹。光聽大家的自我介紹，不知為何就讓我這隻變色龍覺得大家好辛苦啊，感到同情。正因為如此，所以我今天想跟大家討論，該怎麼做才能在地球上盡可能地活得幸福、輕鬆、愉快。我也想跟最具影響力的人類一同來思考，該怎麼做可以活得更自在美好。

變色龍就是沒煩惱

首先，我想跟大家開門見山說清楚，我們變色龍沒有剛才大家自我介紹提到的那些煩惱。那些煩惱，都會成為各位的弱點，這就是為什麼變色龍會被認為是地球上最高次元的生物。因為弱點越多，次元越低，過得越不幸福。總而言之，希望今天可以為大家解決煩惱，讓大家可以覺得活著很幸福。這樣也能因此進一步提升人類和地球的次元。

首先，我們變色龍不是群體動物，都是獨自生活。因為團體生活會使個體的能量降低。本來存在於宇宙中的每一個生命個體，都擁有屬於自己的宇宙。然後在每一個宇宙，每一個人都是國王或皇后。而且，一人宇宙，最能提高生命能量。像螞蟻那樣總是過著群體生活，生命能量會變成一個團體、一個能量，而不是一個個體、一個能量。換句話說，在螞蟻的世界，只存在一個集體意識。所以隊伍中有誰不見，完全不會對團體產生任何影響，也不會知道是誰不見了。因為在那個世界，不存在所謂的個人。人生過得這麼寂寞好嗎？螞蟻。

不，我們螞蟻當然也想過屬於自己的人生。但螞蟻社會有團體規範，不跟大家一起過群體生活，很容易遭受同伴的排擠。假如遭到排擠，擠不進隊伍，會找不到食物，回不了地底下的巢穴，最後孤獨死去。所以團體裡每一個人，都必須活得跟別人一模一樣。

小小的螞蟻也可以展現自我

這真是太辛苦了。但最重要的是，群體當中能有一隻螞蟻鼓起勇氣，開始展開「個體」生活。否則，你們螞蟻永遠就是沒有個性、只能過著群體生活的生物，那樣的人生恐怕不會快樂到哪裡。想展現自己的個性和能力，是需要勇氣的。我想請大家想想，所有螞蟻看起來都一樣，步調一致地往同一個方向移動、搬運食物，但其實一定很厭倦這樣的生活，想要展現自我。正因為如此，我希望你能成為第一隻表達自己的螞蟻，鼓起勇氣踏出第一步。當你開始做自己時，身邊的夥伴可能會冷眼旁觀，但久了之後，一定會有越來多的螞蟻認為「你真有趣耶」「我也想試試看」。相信一定會有越來越多的螞蟻支持你。

哇，那樣的生活方式感覺很不錯耶！我長這麼大，第一次有人跟我說「你可以做自己想做的事」，我好開心喔！我也想要那樣做！晚點回去螞蟻社會後，我想跟大家討論討論。希望我們螞蟻能多表現自我，活出自己獨一無二的個性。我想要成為第一隻做自己的螞蟻。我們螞蟻是群居的生物，雖然我們的一步很小，但我將踏出那第一步。

自我犧牲的時代結束了

真是太棒了，我很期待你能跨出第一步！下一位是蜜蜂H。你們為了女王蜂總是奉獻自我，對不對？當外敵侵襲時，你們冒著生命危險，驅趕敵人，保護女王。為女王犧牲奉獻，是一種令人敬佩的生活方式。然而，從我們變色龍社會的角度來看，那種生活型態有點可悲，因為我們變色龍從不為別人犧牲自己。我們不為別人工作，也不被別人利用。在地球生物的歷史中，曾經有一段時間，犧牲奉獻的生活態度是受到讚賞的，但那樣的時代已經結束了。今後，你的幸福程度將成為生活的指標。你們蜜蜂為了女王而工作，一生的使命就是守護著蜜蜂社會。有時，遇到敵人來擊，你們會用螫針讓對方一針斃命。而另一方面，你們也會在激烈的打鬥中犧牲死去。但本來就不該為了別人而犧牲自己生命。在你的宇宙裡，你才是唯一的存在，你就是生命的主角。

感謝你的建議。但我們蜜蜂可以那樣做嗎？我們一直都相信，為女王而活是我們從出生那一刻就被決定好的命運。但如果我能為自己而活，那簡直就像美夢一般。光是想像，就讓我雀躍不已！但變色龍難道不會為了家人和重要的人而活嗎？這種人生不存在嗎？

不會耶。在我們的社會裡，我們朝著自己喜歡的方向前進，做自己喜歡的事情，自由自在地活著。即使是有血緣關係的家人，基本上也都是單獨行動。這就是為什麼我常常孤單一個人，但並不表示我很寂寞喔。

不好意思，請問可以讓我插個話嗎？我們人類基本上都是為別人而活。比如說，為家庭而活，為孩子、父母、妻子或丈夫而活。而且在工作中，為了賺錢、為了公司、為了老闆、為了客戶等，為別人做事是很正常的。現實狀況就是，我們人類只為自己而活的人非常非常少。

好的，我很清楚人類世界的實情。但你們人類這種「扼殺自己的存在，為別人而活」的生活態度，我們變色龍完全無法理解。我們存在於這個宇宙的唯一理由，就在於取悅自己的靈魂，就只是這樣而已。消弭自身存在，為別人而活，一點也不快樂，沒有任何感動，不是嗎？

你說得對……這就是為什麼我們人類總是過得充滿壓力，而且總是想要表現自己，其根本就在於渴望獲得別人的肯定。社群網站正是實現此一目標最典型的工具。

從DNA的層次來改變生活態度

看來人類也過得很辛苦呢。那我們工蜂該怎麼辦才好呢？我們的DNA早已被寫入為女王效命的程式，在這種情況下，我要怎麼改變自己呢？

嗯，讓我們從簡單的地方開始做起吧。每天心無旁騖地努力工作當然很好，但最初的第一步，先從暫時逃離工作，偷點懶開始試試看如何？比方說，當大家努力工作，完成任務之後，自己一個人飛到樹蔭下稍微休息一下，或是跑去花園裡蹓躂、吸吸甜美的花蜜也很不錯。給自己一點休息時間，跟自己相處，而不是滿腦筋只想著女王。

偷點懶呀，原來如此！這樣的話馬上就可以做到耶，我馬上試試看！

另外，我還要給蜜蜂一個建議。剛才也有提到，當敵人出現時，你們蜜蜂會為了保護女王戰鬥到失去性命。雖然我能理解你們對女王的忠誠，但死了就什麼都沒有了耶。所以請好好珍惜生命。另外，你們只要看到人類，就會想群起攻之，但其實人類比較怕你們呢。而且因為你們會攻擊，所以人類也總是想盡辦法除去你們的巢穴。互相傷害，源自於對彼此的恐懼，雙方的關係只會陷入惡性循環。在地球上的生物，就算彼此是不同的物種，本來應該能和諧相處的。所以當你們看到人類時，請不要發動攻擊，請歌唱，請跳舞，請取悅人類！如此一來，人類也不會恐懼你們。

是啊，我們人類也想跟蜜蜂成為朋友。

好的，沒問題，還請多多指教了。總之，今天我了解到，自己不是只為了守護女王而存在，光知道這一點就讓我覺得充滿希望。明天工作有空閒時，我想去偷個懶，給自己一點獨處的時間。

好的，請務必嘗試看看。你可以先從安排遊樂時間到每天的工作當中開始。相信在偷點懶的過程中，你一定可以發現自己、了解自己的個性。

謝謝你。

盡人事，聽天命，一切都交給宇宙

好，讓您久等了，下一位是斑馬S。首先，我想跟你說件事，那就是希望你不要每天都活在恐懼裡。你們斑馬每天都很害怕來自獅子、獵豹和鬣狗等掠食者的侵襲，對吧？在那樣的情況下，就算嘴裡吃著鮮草，也都得東張西望確認有沒有敵人來襲，飯吃起來恐怕一點也不好吃。吃飯，應該是人生一大享受。至少在用餐的時候，專心在吃飯這件事情上。吃得戰戰兢兢，吃進去的東西可是連營養都稱不上。有時放鬆心情，悠哉一點是有必要的。

我懂您說的意思。我們也想過不用提心吊膽的日子呀。但假如獅子躲在暗處，突然撲上來，我們體力不如獅子，逃跑也馬上會被追上，最後淪落到被捕食的下場。尤其是我們的孩子跑得慢，更顯得孱弱，容易變成獵捕的目標，我們成年斑馬更要保護牠們才行。所以必須隨時隨地提高警覺，不得鬆懈。

確實是如此沒錯，因為野生動物的世界就是弱肉強食。但你們斑馬代代都以脆弱自居，那樣的想法最後成了事實，所以基因被編寫上「我們很脆弱」的規則。從獅子和獵豹的角度來看，牠們掠食也是為了求生存。牠們生來就是肉食性動物，沒辦法像你們那樣吃草維生。捕食獵物，是宇宙賦予牠們的生存條件之一。對斑馬來說，遭到捕食、被吃掉，可能是一件非常糟糕的事，然而對獅子來說，獵捕斑馬是為了守護獅子家族，是必要的善。針對這一點，沒有哪一方的立場正確或錯誤，也沒有所謂的善惡判斷。希望你能把這樣的關係看作是宇宙的旨意。如此一來，無論發生什麼事，你應該都能夠不抱任何悲傷地接受它。

您說得對。但是對竭盡全力想辦法生存的我們來說，實在很難像佛祖那樣頓悟釋懷。我們遭到追捕、獵殺，一切都是因為宇宙的旨意，改變不了就只能接受，這實在很難接受啊。

仔細品味當下幸福的瞬間

是啊，我當然理解你的感受。但最重要的是，無論發生什麼事，都要能盡人事，聽天命，隨遇而安。隨時隨地活在恐懼當中，等於你對自己置身的環境很抗拒。這種生活方式，不但讓你很痛苦，也不會感到快樂。上帝創造了你，並不是希望讓你持續活在恐懼之中。祂應該也賜予了你一個可以快樂生活的環境。我希望你們斑馬能夠感受到吃美味的鮮草、在大草原上奔跑的快樂。假如你能感受到那些美好的時刻，相信幸福度一定會大增。因此，首先希望你能先從兩件事情開始做起，無論你的世界發生了什麼，都不要去斷定是好還是壞，試著盡人事，聽天命。

我明白了，你說得很對。假如總是活在恐懼中，就會錯過發現幸福的瞬間。無論如何，對生活在弱肉強食、嚴峻世界中的我們來說，突然要我們隨遇而安，把一切都交給命運，可能很困難。但只要一點一點嘗試，我想我們應該可以漸漸接受無論發生什麼，一切都是宇宙的旨意。

好的，請你試試看。另外，更重要的是，隨著接受宇宙旨意的斑馬數量越來越多，意識會逐漸在你們的世界擴大，最終改寫你們斑馬的基因。把讓你們覺得必須隨時隨地都活在恐懼當中的基因改寫掉，如此一來，當獅子發現你們的蹤跡，也不會馬上想攻擊你們，而是嘗試與你們建立良好關係。這樣的意識變化和生活方式的進化，正是提升地球次元的重要因素。

原來如此，要是能變成那樣就太好了。有朝一日我們也能和野生動物之王獅子成為朋友嗎？那真是樂園般的世界呢。

是的，這樣的理想烏托邦並非不可能。抱持愛和感謝，就算是地球上的食物鏈關係，也是能改變的！

對耶！這就是我們動物界的次元提升！謝謝你。回到大草原後，我想在生活中試著有意識地去盡人事，聽天命。

關於愛自己

最後一位是人類代表N。你聽了以上討論，有什麼感想呢？

好的，非常不好意思，正如我前面所說，剛才大家提到的煩惱和困境，每一個都適用於我們人類身上，而且變色龍給大家的每一個意見，也對人類非常有用。我們人類跟螞蟻非常像，為了保護自己群體而居。我也了解就像是蜜蜂為女王蜂而活一樣，人類不是為自己而活，而是為別人而活。另外，我們也跟斑馬一樣，隨時隨地都生活在恐懼底下。我們人類的確有各式各樣的問題……

你知道為什麼會遇到這樣的問題嗎？那是因為你們人類忘了「愛自己」這件重要的事。我沒有說教的意思，我不是在勸你們人類不要成群結隊、不要為別人而活、不要總是活在恐懼和不安之中，我只是希望你們能接受自己原本的樣子，更愛自己一點。只要能做到這樣，其實所有的問題都能迎刃而解。

這樣啊！原來只要多愛自己一點，就可以解決所有的問題。

人類以外的生物所擁有的純粹性

講一個有點現實的問題。螞蟻成群結隊而居，蜜蜂為女王蜂而活，斑馬無時無刻不活在躲避肉食動物的恐懼當中，即使如此，牠們全然地接受了自己的生態和習性，在那當中完全沒有任何的得失計算。但你們人類卻是利己主義。這樣做對自己有利，這樣做能獲得他人的讚賞，這樣做能保護自己，所有的言行舉止都是經過思考計算。就這點來看，人類的次元可能比螞蟻、蜜蜂和斑馬都來得低。

你這樣說讓我有點震驚，但好像確實如此。

而且你們人類還很自私自利，為了自身的利益破壞地球環境，給其他動物添麻煩，甚至連牠們的食物鏈都破壞掉了；覺得自身的力量有限，想變得更加強大、完美，進而開發機器人和AI。但你們人類原本不需要這麼勉強自己，好好珍惜自己這個靈魂、這個宇宙，好好地做自己，活得像自己其實就很足夠了。

變色龍……這段話真是太打動人心了，謝謝你。你說得一點也沒錯，給我很大的啓發。我覺得我們人類太驕傲了，以為自己比動物和昆蟲等其他物種要來得優秀。但今天結識了螞蟻、蜜蜂和斑馬，每一位都很純真，很努力地過日子，我覺得各位其實都活得比人類要來得高次元。此外，我也再次了解到一件事，那就是變色龍真的是地球上最高次元的生物。等我回到人類社會，一定要跟大家分享今天的心得。然後，我要試著從「愛自己」開始改變自我。希望能越來越接近變色龍。今天真的非常感謝大家。

變色龍，謝謝你！

別這麼說，我才要感謝各位。我覺得今天的討論會，讓地球的波動大幅揚升了呢。希望大家能把今天學到的東西帶回各自的世界，善加利用。期望地球上的每一個生物，都能過得幸福快樂。

小憩片刻

世界知名人物的變色龍指數排行榜

不受社會好評的人，變色龍指數才高

「那個人的評價很差!?」

「那個人有點奇怪！」

我們經常依據主流媒體的報導，擅自評判街頭巷尾的公眾人物、政商名流等人物的好壞。

但那些乍看之下被討厭的人，被大家認為是惡人、冷酷的人、人生道路跟別人不一樣的人，他們的變色龍指數反而比較高。

此外，不受社會常規的拘束、想做什麼就做什麼，活得自由自在的人，他們的變色龍指數也很高。

因為變色龍指數越高的人，越不受一般社會規範和常規束縛，無論是好是壞，他們總是格外顯眼，自由奔放的特質，容易遭來周遭人的嫉妒。

以下就我各方面的觀察，把世界知名人物和政商名流，按照變色龍指數的高低列出一個排行榜。

Column 2

那個跟全世界爲敵的男人，變色龍指數傲視群雄

1 俄羅斯總統普丁　世界第一冷酷的男人!?

2 美國前總統川普　面對周圍的批評，毫不動搖！

3 梅蘭妮亞夫人　「冰雪微笑」的前美國第一夫人。

4 柴契爾夫人　前英國首相，有「鐵娘子」之稱的女性政治家。

5 娜迪亞．科馬內奇　制霸平衡木的體操女王。

6 小室圭　被媒體搞到變成變色龍了!?

7 出川哲朗　無論遇到什麼事，都不動聲色，適應力超群。

8 小保方晴子　擁有不被社會吞噬的歸零能力。

9 廣末涼子　擁有想要的東西，一定要得到手的瞬間爆發力。

10 山口百惠　活得很自我，得到幸福。

近年來，尤其是二〇二二年二月俄羅斯入侵烏克蘭後，俄羅斯總統普丁被全世界貼上「惡人」的標籤。

那位被認為世界最糟糕的壞蛋，他的變色龍指數其實是世界第一。

但據說普丁也是對抗在背後操縱世界、有影子政府之稱「深層政府」的男人。

我們沒有能力去檢驗主流媒體或公諸於世的報導是否為事實。

說是與全世界的人為敵一點也不為過，依舊不顧輿論硬幹的普丁，就他「孤高之人」的姿態，我可以很篤定地說，他的變色龍指數是世界第一。

基本上變色龍必須單獨飼養，一個飼養盒，只能飼養一隻變色龍；然而從普丁那種與世界為敵、孤狼式的生活態度，可以想見他的變色龍指數非常高。

而且一般人假如像他那樣遭到全世界的撻伐責難，恐怕早已精神崩潰了。但是他看起來完全無動於衷，心臟彷彿是用鋼鐵打造。

不受社會好評的人，變色龍指數才高

接著，變色龍指數排行第二的是美國前總統川普。

川普的喜怒哀樂變化劇烈，變色龍指數看似很低。

但是就他完全不在意周遭的批評這點來看，他的變色龍指數可以說很高。

總而言之，主流媒體等來自四面八方的攻擊，對他來說都是耳邊風。

不顧他人反對，逆風而行的前美國總統川普，可以說是彷彿變色龍般的人。

說到前美國總統川普，就不得不提前第一夫人梅蘭妮亞夫人。

在她還是第一夫人的時期，媒體捕捉到她的照片，幾乎都是沒有笑容、面無表情的樣子，大部分的人對她的印象應該都是這樣吧。

她的表情冷酷到會讓人覺得：「她是不是在生氣啊？」

即使應該擺笑臉的場合，她依舊面無表情。她的美貌也為她贏得了「冰山美人」和「冰雪微笑」的暱稱，以不微笑的第一夫人著稱。

然而，在鏡頭之外、真實生活之下，她卻經常流露出不生硬、輕鬆自在的笑容。不受「這個場合必須微笑」這類社會規範約束的前第一夫人梅蘭妮亞，可以說是擁有高度變色龍指數的人，不是嗎？

而另一位高變色龍指數的人，有鐵娘子之稱，也是英國第一位女首相，就是前英國首相柴契爾夫人。

柴契爾夫人在擔任首相期間，高舉反共旗幟。蘇聯以批判之意，幫她取了「鐵娘子」的稱號，這個稱號在之後普及至世界各地，全世界都稱她為鐵娘子。

實際上，柴契爾夫人自己還滿喜歡這個稱號的，她把這個暱稱視為讚賞她不受周遭意見影響、不隨波逐流的堅強意志。

脫離「身為領導人就應該那樣做」常軌的柴契爾夫人，變色龍指數相當高。

運動界和演藝界的變色龍一一出爐

前面介紹了多位政治界的人物，接下來讓我們把目光轉向運動界和演藝界吧。

首先，變色龍指數排名第五的是令人懷念的奧運金牌得主、前體操選手娜迪亞·科馬內奇。

科馬內奇在平衡木上精湛的表演，展現出超凡的平衡感，她彷彿就像行走在樹枝上、平衡感超群的變色龍。

過去科馬內奇在蒙特婁奧運的高低槓和平衡木項目上，獲得奧運史上的第一個滿分10分。在她之後，陸續出現了許多擁有更高超技巧的體操選手，但擁有天才般的平衡感、在歷史上留名的科馬內奇實在讓人難以忘懷。

變色龍指數的第六名，則是擄獲日本皇室秋篠宮家長女真子公主芳心的小室圭。

現在兩人居住於紐約，逐漸從媒體版面消失了，但是在他們結婚之前，小室圭常常是新聞媒體的熱門焦點。

在幾年前的訂婚記者會上，曾在「海洋王子」選拔奪冠、陽光的小室圭，也曾經笑容滿溢、爽朗無比。

但是隨著媒體大肆報導，之後就算被媒體追問，無論面對什麼問題，小室都變得面無表情。

就像是對任何事物都沒興趣的變色龍一樣，他可以說是被媒體逼著進化成變色龍的人。

但他最後也順利考取紐約州的律師資格，遠離日本的喧囂，和真子公主過著幸福快樂的日子，可以說是堅守愛情、有顆堅強心的男子。

變色龍指數第七名，則是以反應慢半拍和高度適應力擠進榜中的藝人出川哲朗。

出川在節目上的遭遇總是讓觀眾感到「這也太慘了吧」「也做得太過火了」，讓人同情不已，面對任何困難都願意挑戰（或者說被迫挑戰）。出川擁有面對任何事情都能面不改色的慢半拍反應，以及能快速適應周遭環境的高度能力，可以說是變色龍指數高的人。

但他也是人生父母養，說不定內心其實在哭泣。

但是他完全不展現那樣的內心世界，持續不斷挑戰各種嚴峻的考驗，正因為如此，才有辦法在競爭激烈的演藝圈中占有一席之地。

變色龍指數第八名，則是以高度歸零能力名列排行的小保方晴子。

她的名言「STAP細胞是存在的！」至今言猶在耳，稱她為擅長理工科的「理

工女」一詞也因此風靡一時。

彷彿掃過天際的彗星般，引發熱議的前「理化學研究所」研究員小保方，現在則是把實驗白衣換成白圍裙。

聲稱發現STAP細胞的論文爆出造假疑雲後，小保方美好的日子轉眼間就結束了。

當社會一展開撻伐，小保方馬上消失了蹤跡。STAP細胞的話題就這樣不了了之。

但過了幾年之後，小保方在另一個世界重現身影。

她現在成為知名糕點店的西點師。

徹底叛離周遭的預想，小保方華麗的人生大轉變，讓人不得不折服。

把過去的經歷一切歸零，重新開始新人生的小保方，可以說就像是由紅變綠、由綠變藍，不斷接續改變身體顏色，擁有七種變色能力、變色龍般的人。

Column 2

變色龍指數排行第九名，是因為外遇引發話題的廣末涼子。

一邊經營著演藝事業，一邊努力養育三個孩子，廣末的優良母親形象讓她榮獲了「二〇二二年最佳母親獎」。那樣的她，其實也是非常純粹、自由奔放、戀愛經驗豐富的女子。

就跟變色龍一樣，一有看上的獵物，一定會想辦法得到。情感純粹一直線的她，一旦墜入情網，就算是媽媽，也會變回女人。

就像是她以前的熱門金曲〈認真戀愛5秒前〉的歌名一樣，在鎖定好目標之前，她對戀愛的注意力和瞬間爆發力，就像是捕獲獵物前的變色龍。

接著是排行第十名，昭和時代最具代表性、傳說的偶像山口百惠。

她的表情總是很溫和、沒什麼變化，大家常常比喻她是佛陀。其實在過去那個時

代，女性偶像在全盛時期是必須「裝可愛」的，被賦予隨時隨地都必須展現甜美微笑的義務。

然而唯獨只有她，從不迎合周遭人，貫徹自己的理念，獲得了廣大的支持，演藝事業因而扶搖直上。

然後就在事業走到巔峰之際，她果斷地捨棄巨星的寶座，追尋自己的幸福，從社會消失了蹤跡。

不迎合他人，不媚俗，走自己的路，可以說是變色龍典型的生活態度。

第四章

變色龍練習

Chameleon Exercise

Part 1

徹底變身爲變色龍！
感受一下什麼是變色龍吧！

「我知道變色龍是高次元的生物。」

「但我不是變色龍，我是人類，所以沒辦法……」

我非常明白大家會有這樣的意見。

但就算變不成變色龍，「試著變身爲變色龍」或是「感受一下什麼是變色龍」是有可能的。

綜合上述，各位讀者必須提高變色龍指數，來提升次元。

因此，以下將爲各位介紹四個變色龍練習，幫助大家變身爲變色龍，體驗一下變色龍的能量。

讓活了這麼久，已經很習慣人類思考模式、言行舉止都很人類的身體，試著去模仿變色龍，習慣變色龍的波動，進一步吸收變色龍高波動的能量。

Exercise 1

變色龍靜心冥想——試著變身爲變色龍

1 進入創造一切的黑洞裡

總歸一句，想體驗成爲變色龍是什麼感覺，試著變身爲變色龍（＝想像自己是變色龍）最快。

這是透過靜心冥想，在想像的世界進行的練習。

◉首先，選一個適合靜心冥想的舒適姿勢，你可以坐在椅子或地板上，或是躺在床上。

◉閉上眼睛，慢慢地深呼吸，然後重複幾次深呼吸。

◉感到放鬆之後，請閉上眼睛。

◉請持續深呼吸一段時間。

接著，你的眼前會出現一個巨大的黑洞。

黑洞的另一頭，是沒有任何東西、一片虛無的空間，是一切事物起源的空間。

請想像自己被吸進黑洞。當你被吸進黑洞後，黑洞的另一邊就會出現變爲變色龍的你。

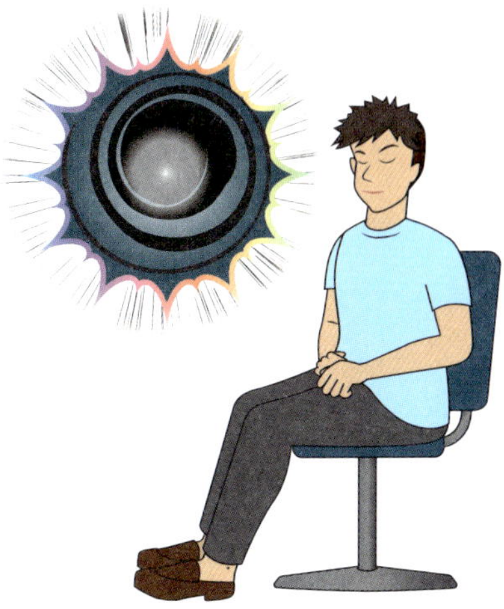

2 盡情享受變成變色龍的自己

請想像你最喜歡的變色龍的樣子（顏色、大小）。

你變成了變色龍，現在開始在四周創造一個舒適的空間。
如果希望自己置身於綠色叢林中，就想像綠色叢林。
假如覺得置身於色彩繽紛的花田很舒適安心，就想像色彩繽紛的花田。
假如覺得鮮豔的紅葉讓你感到舒適安心，就想像一下紅葉。
假如覺得湛藍的天空讓你感到舒適安心，就想像一下藍天。
請成爲變色龍的你，試著配合那個空間、環境改變身體的顏色，度過愉快的時光。

你現在，在樹枝上。
你緩慢且靈巧地走在樹枝上。
就像走在平衡木上，平衡感極佳的你，手腳緩慢地抓著樹枝，在樹上漫步。

好，現在請你環視一下四周。

仔細看看你所創造出來的環境。

請試著轉動一下你的眼睛。

先試著同時轉動雙眼。

接著，想像自己是隻變色龍，看看你能不能讓雙眼分開轉動。

實際很難做到，但是在想像當中，你自由自在、可以做到任何事。

請你試著用右眼看藍天，然後同時用左眼看前方樹枝的葉子。

感受一下能同時看見不同事物的喜悅。

3 客觀地觀察身爲人類的自己

好，現在你面前出現了一臺電視。

電視螢幕正在播映你平時人類形態的樣子。

影片從早上起床，離開被窩的樣子開始，你一天的日常開始了。

現在請想像一下你一天的日常生活。

比如說，有人的日常生活長得像這樣。

早上上班快遲到，很著急，在車站跑著上樓梯，跑得滿身汗。

中午一邊吃著三明治當午餐，一邊在辦公桌前工作，狼吞虎嚥地幾分鐘就把午餐吃完了。

遭老闆責罵，整個人垂頭喪氣。

在跟同事的聚餐中，雖然疲憊不堪，你還是強迫自己面帶微笑。

在末班車的電車上，抓著吊環站著打盹。

回到家，你沒有洗澡，一倒到床上就睡著了……

請仔細觀察映在電視螢幕上的你的一天。

變成變色龍的你，正緊盯著人類的你。

身爲人類的你，不知道爲何總是忙得團團轉。

經常受到喜怒哀樂的情緒左右，感到沮喪、後悔和不安。

一有不如意，就怨嘆、感到糾結。

身爲變色龍的你，一定會覺得身爲人類的自己看起來有點滑稽。

但看著看著，不禁感到心疼、同情。

那麼努力過日子的自己，當然也覺得惹人憐，但看著那樣的自己，又會覺得有點痛苦、不忍。

之所以如此，是因爲你現在變成了變色龍。

身爲變色龍的自己，總是過得很寧靜平和，隨時隨地都輕鬆自在。

直覺也相當敏銳。

能在必要的時候，集中注意力。

所以總是愛著自己，爲自己感到自豪。

現在，在這裡的你是變色龍，跟身爲人類的你完全相反。

4 將你的潛意識，逐漸調整爲變色龍模式

變成變色龍的你，客觀地看著螢幕上身爲人類的自己，可以從中領悟到很多東西，例如：「那件事情不需要做，從明天開始就不要那樣做了」等。

現在差不多是要從變色龍變回人類的時候了。

深吸一口氣，吐氣，重複幾次深呼吸。

請睜開眼睛。

你現在變回人類的樣子，但現在的你，是一個全新的你，跟靜心冥想之前的你不一樣。

從明天起，你的新生活開始了。

你的日常生活，不會一次完全改變。

但你的潛意識，應該會逐漸改變。

然後，你的行爲和思維，會漸漸改變你的習慣。

反覆進行這個靜心冥想練習，你將逐漸學會變色龍高次元的生活方式，變色龍因子也隨之增加。

一旦這成爲可能之後，你便能以人類的姿態，在這個世界過著高次元的生活。

Exercise 2

試著像變色龍一樣，讓左右腦分開獨立運作

在這個章節的變色龍練習，讓我們一邊實踐剛才靜心冥想所做的想像練習，一邊體驗什麼是變色龍。

變色龍的左右腦是分開獨立的，右腦的感性、直覺、創造力，與左腦的邏輯、語言等運作不會混淆在一起，能夠充分地發揮各自的功能。

讓我們想像自己是一隻左右兩眼能分開轉動的變色龍。

首先，請伸長右手，舉起並慢慢移動食指，接著用雙眼隨著食指轉動。

你現在是左右兩腦同時運作的狀態。

左手輕輕地蓋在左眼上（左眼睜開），試著用右眼追著不斷轉動的手指。

這時，因為左眼被遮著，所以雖然左眼是睜開的，卻不會緊盯著手指看。

接著，請試著快速打開蓋在左眼的左手，有意識地抑制左眼，不去看眼前轉動的手指。

然後把右眼遮住，重複一樣的步驟（試著只用左眼去看轉動的手指）。

習慣了之後，請試著不遮住眼睛，練習只用一隻眼睛看一個東西。

人的眼睛受限於身體結構，雙眼很難分別往不同的方向觀看，但只要持續練習，相信你的左右兩眼，應該可以逐漸往不同的方向看。

Exercise 3

感受一下變色龍的瞬間爆發力

總是一動也不動的變色龍，吐出舌頭捕捉蒼蠅時的速度只要百分之一秒，爆發力驚人。

靜與動的劇烈反差，正是變色龍的特徵之一。

不浪費精力在無謂的事情上，相反地，出現想要的東西時，就會不擇手段想辦法得到。

接著，就讓我們體驗一下變色龍的瞬間爆發力，和高效率、不浪費精力的行動吧。

首先，把單邊的手伸長打直（哪隻手都可以），在眼前豎起食指。

現在請想像自己變成一隻變色龍，指尖上有你喜歡的食物。

你的身體彷彿瞬間被冰凍，一動也不動。不移動上半身，也不轉動眼睛。

靜止不動一陣子後，請將你豎起來的手指稍微左右移動（一到兩公釐左右）。

然後在移動手指的瞬間，請真的往手指的方向吐出舌頭。

當然，人類的舌頭很短，碰不到你的指尖，但請想像一下，一條長舌頭從嘴裡彈出來，瞬間抓住食物。

透過這個練習，你可以體驗到平時什麼也不做，然後在需要的時候瞬間爆發出來的感覺。

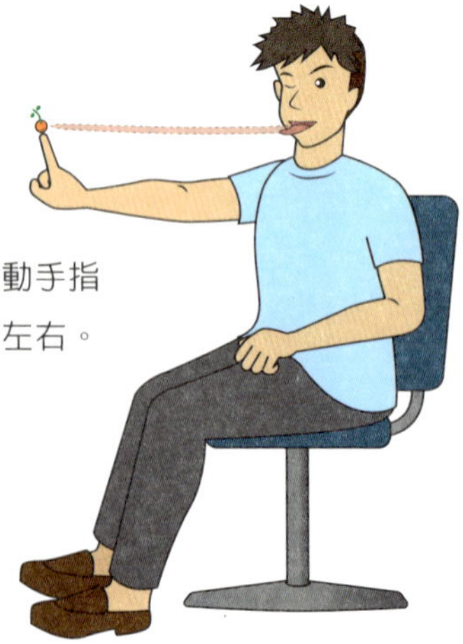

試著左右揮動手指
一到兩公釐左右。

Exercise 4
感受一下變色龍的平衡力

在房間找一個地方，想像有一條數公尺長的直線。
假如你的房間地板材質呈現出線條，會是一個不錯的選擇。
你也可以利用筆直的走廊或榻榻米的邊緣。
請想像那條直線的寬度約有十公分。

請你把這條直線，想像成浮在空中的一條繩索或是平衡木。
首先，請只用腳在上面走走看。我想你應該可以走得很順。
接下來，請四肢著地，想像自己是變色龍在緩步慢行。

請試著踏出你的右手和右腳，往前進；然後踏出左手和左腳，往前進。

在往前進的同時，請感受自己身軀變為透明的水晶體，試著在房間用全身上下感受宇宙。

直線行走來回幾次後，便可結束練習。

你覺得如何呢？

在做每一個變色龍的練習時，你是不是覺得自己變得有點像變色龍了呢？

只要你感覺自己變得「有點」像變色龍，就表示練習非常成功。

藉由反覆的練習，逐漸習得變色龍的生活態度和高波動，讓身心靈揚升到下一個次元階段。

Chameleon Exercise

Part 2

「變色龍療癒著色」幫你從指尖到大腦全面提升次元！

近年廣爲流行的「大人的著色本」好處多多！

我想每個人的童年都塗過「著色本」。

近年來，大人的著色本正在悄悄流行。

爲什麼都已經長大了，還推薦玩著色呢？因爲它帶來的效果卓越啊！

著色不僅能消解壓力，還可以平衡自律神經、放鬆心情，而且透過活動雙手、運用指尖，還能帶來刺激大腦的神奇效果。

另外，不但可以培養對色彩的感覺，同時還具有療癒的功效。

所以我爲各位準備了《變色龍療癒著色本》（見本書前方所附別冊）。向能夠讓身體產生七彩變化的變色龍學習，想像自己變身爲變色龍，自由地隨意塗鴉、揮灑色彩吧！

不受任何拘束、自由的著色練習

首先，請你試著不受任何規則的約束，隨心所欲地著色。

由你決定著色的方式和使用的顏色。你可以只用一種顏色，也可以用兩種、三種顏色，甚至是十二種顏色。

任何著色工具都可以，例如色鉛筆、簽字筆、原子筆和繪圖顏料等。

另外，上色方式可以有規則，也可以沒有規則。比方說，不需要把所有的格子都塗滿。

總而言之，按照你喜歡的方式著色就對了。不塗滿所有的格子，留一點空白也可以。

你當然也可以從變色龍周圍的格子開始著色，而不是從變色龍的部分開始上色。

變色龍的顏色跟周遭環境是否一樣都沒關係。

假如你希望變色龍的顏色與周圍環境不同，這或許意味著，你的內心深處有著強烈表達自我主張的欲望也說不定。

著色可以幫助你察覺自己的心情變化。

此外，我們準備了多張同樣的變色龍著色插圖，你可以依據當天的心情上色，也可以一邊著色，一邊察看自己當下的心情。

選擇顏色，爲自己進行色彩療法

你也可以利用隱含在顏色背後的意涵，爲自己進行色彩療法。

當你希望自己「充滿熱情！」「充滿活力！」「有滿滿的生命力！」時，請選擇紅色。

當你想「提高自我價值」或「增強自信心」時，請選擇黃色。

當你想「療癒自我」「健康快樂」「放輕鬆」時，請選擇綠色。

當你希望「被愛環繞」或「充滿浪漫情懷」時，請選擇粉紅色。

當你想「平息煩躁的心情」「冷靜下來」或「眞誠面對自己」時，請選擇藍色。

當你想「提高直覺」「活化松果體」或「與宇宙連結」時，請選擇紫色。

你所選擇的顏色，或許就是你現在需要的元素。

就像這樣，有意識地挑選色彩來著色，可以作爲一種自我療癒的方式。著色能幫助你療癒自我，接近理想中的自己。

現在，就讓我們成爲藝術家，開始提筆著色吧！

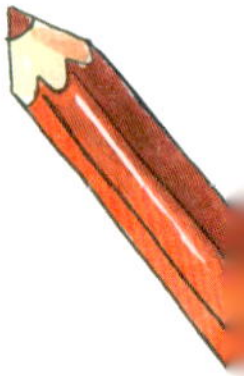

後記

閱讀完海豚醫師的新作《喚醒松果體：向變色龍學習，自由化身爲理想的自己》，你有什麼感想呢？

對你來說，這本書是不是有點天馬行空，超出想像呢？

現在市面上有非常多以提升「人類力」爲主題的書籍。

那些書中寫到提升人類力的建議，各個都直中要害。

書裡的內容，讀者讀了都覺得「眞的如此！」「說得眞好」「我也想照著做做看」。

但人人都適用的資訊，其實一點用處也沒有。

這點非常重要。

請各位思考一下。

假如大家都同意那些書所寫的東西，人們做了之後，人類的次元因而獲得了提升，就不會有人一直出版相同內容的書才對。

我身爲海豚醫師，對一直老調重彈的人類感到非常失望。

因此，我下定決心，一定要出版一本就像煙火般，能爲人類帶來震撼的書。

就在我那樣想的時候，有幸於二〇二二年十月造訪了馬達加斯加島。

如大家所知，我在那趟旅程中與變色龍相遇，徹底改變了我的命運。

眞的是上天的安排。

如我前面所說，我與變色龍相遇，感受到的衝擊實在難以言喻。

但是我在心裡發誓，一定要想辦法讓更多人了解變色龍的魅力。

因爲我感覺到變色龍擁有的能量，正是人類現在所需的能量。
因此，我把變色龍的魅力，全部都濃縮在這本書裡頭。

這本書承載著我殷切的期盼，想必一定能讓你的未來發生巨大的改變。

現在不是提升人類力的時代。
今後是提升變色龍力的時代。

希望閱讀本書，能幫助你提升變色龍力。
期盼大家都能在這顆星球上，過著自由且快樂的變色龍日子。

再會啦！

海豚醫師

國家圖書館出版品預行編目資料

喚醒松果體：向變色龍學習，自由化身為理想的自己／松久正 著；謝敏怡 譯. -- 初版. -- 台北市：方智出版社股份有限公司，2024.12
160面；14.8×20.8公分 --（新時代系列；199）
ISBN 978-986-175-821-3（平裝）

1.CST：超心理學　2.CST：心靈

175.9　　113015517

www.booklife.com.tw　　reader@mail.eurasian.com.tw

新時代系列 199

喚醒松果體：向變色龍學習，自由化身爲理想的自己

作　　者／松久正
譯　　者／謝敏怡
發 行 人／簡志忠
出 版 者／方智出版社股份有限公司
地　　址／臺北市南京東路四段50號6樓之1
電　　話／（02）2579-6600・2579-8800・2570-3939
傳　　真／（02）2579-0338・2577-3220・2570-3636
副 社 長／陳秋月
副總編輯／賴良珠
主　　編／黃淑雲
責任編輯／林振宏
校　　對／林振宏・胡靜佳
美術編輯／李家宜
行銷企畫／陳禹伶・蔡謹竹
印務統籌／劉鳳剛・高榮祥
監　　印／高榮祥
排　　版／杜易蓉
經 銷 商／叩應股份有限公司
郵撥帳號／18707239
法律顧問／圓神出版事業機構法律顧問　蕭雄淋律師
印　　刷／國碩有限公司
2024年12月　初版

ZENSHIN SHYOUKATAI SEIBUTSU!? KAMEREON SANJYOU! CHIKYUUSAIKOUJIGEN NO SEIBUTSUKARA MANABE!
by Tadashi Matsuhisa

Original Japanese language edition published by VOICE INC.
Complex Chinese translation rights arranged with VOICE INC.
through Lanka Creative Partner Co.,Ltd.,Tokyo

定價350元　ISBN 978-986-175-821-3

選擇的顏色，就是你現在需要的元素

紅色：希望自己「充滿熱情」「充滿活力」「有滿滿的生命力」。

黃色：希望自己「增強自信心」「提高自我價值」。

綠色：希望自己「放輕鬆」「健康快樂」「獲得療癒」。

粉紅色：希望自己「充滿浪漫情懷」「被愛環繞」。

藍色：希望自己「平息煩躁的心情」「冷靜下來」「真誠面對自己」。

紫色：希望自己「提高直覺」「活化松果體」「與宇宙連結」。

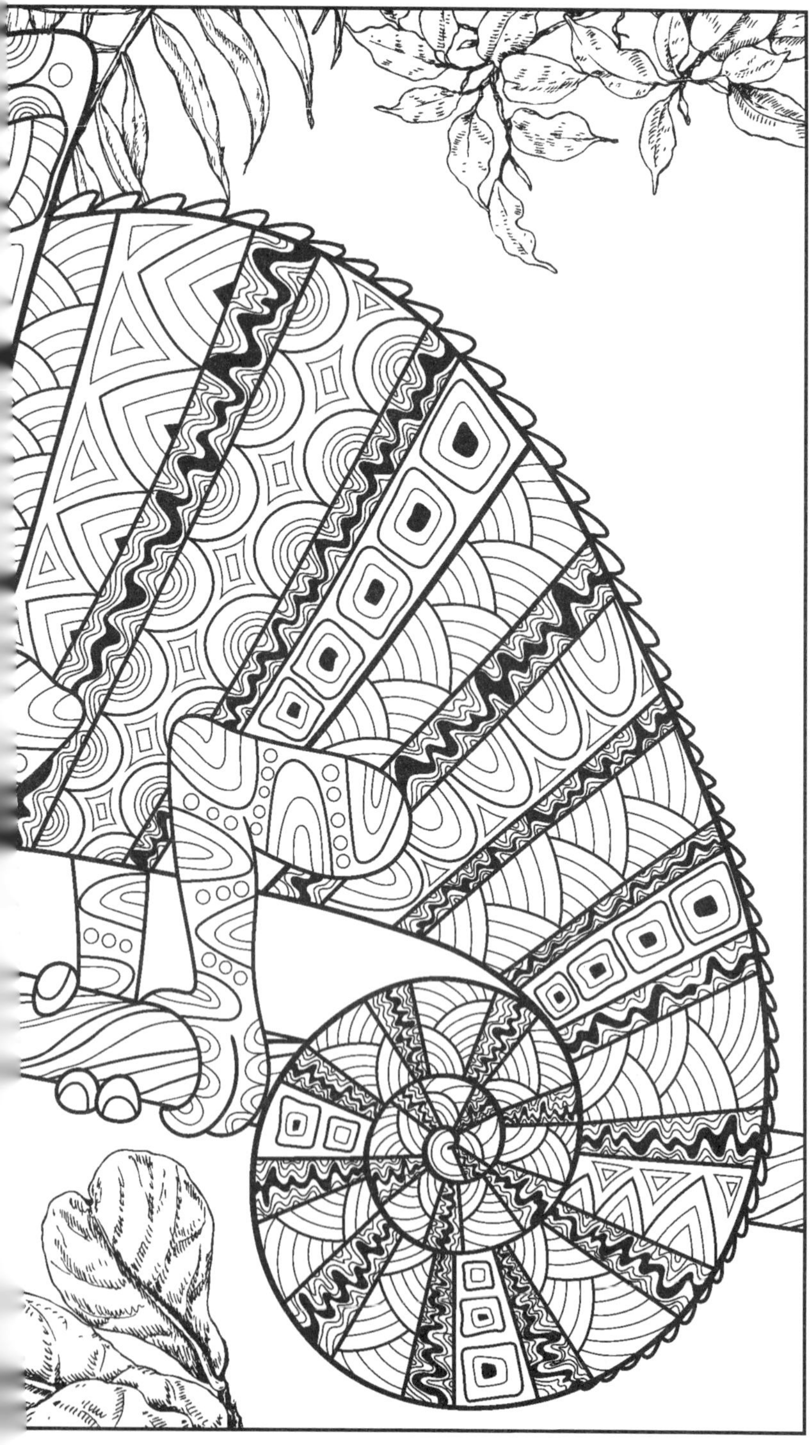

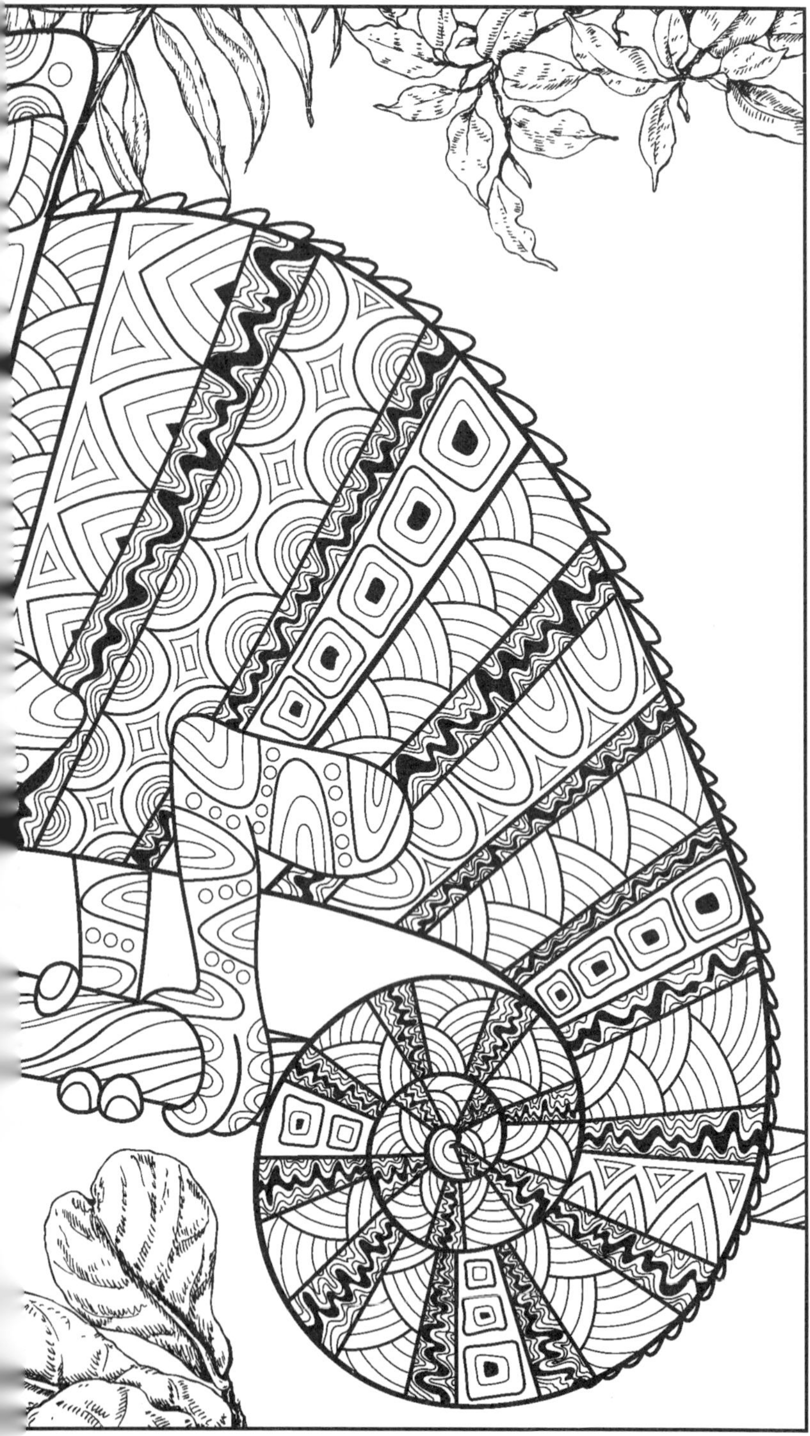

不受任何拘束，自由的著色練習

使用任何著色工具都可以，
上色方式可以有規則，也可以沒有規則，
總而言之，按照你喜歡的方式著色就對了。

你可以依據當天的心情來上色，
也可以一邊著色，
一邊察看自己當下的心情。

同樣的著色插圖，
可以在不同的時間著色，
察覺心境的變化。

有意識地挑選色彩來著色，
是一種自我療癒的方式。
著色能幫助你——
更接近理想中的自己。